AF332241

LIVRET

DU NOUVEAU PLAN EN RELIEF

DE

SÉBASTOPOL

DE SON PORT,

DE SES FORTIFICATIONS ET DES POSITIONS DES ARMÉES ALLIÉES,

PAR

BAUERKELLER, MODELEUR,

ET

CHARLES LÉGER,

Géographe français.

Prix : 25 centimes

PARIS,

IMPRIMERIE MORRIS ET COMPAGNIE,

RUE AMELOT, 64.

1855

INTRODUCTION.

Sébastopol! Ce n'est pas sans une profonde émotion que ce mot tombe de notre plume sur le papier! Ce livret, nous le savons, ne doit et ne peut-être que la froide explication du gigantesque travail que nous soumettons au public, c'est le fil d'Ariane, le guide qui doit aider nos visiteurs dans le voyage auquel nous les convions ; mais au moment de partir pour cette plage de l'Orient, sur laquelle s'accomplit en ce moment la plus magnifique épopée, nous sentons le cœur nous battre violemment dans la poitrine, et nous aurons souvent besoin d'en comprimer les élans pour nous borner au rôle de *cicérone.*

Sébastopol! N'est-ce pas en effet sous ces murs que la cause de la justice a raison enfin d'une façon éclatante de ce vieux levain de haine si longtemps entretenu entre les sectes religieuses? La Croix de Rome réunie au Protestantisme pour soutenir le Croissant de Constantinople. C'est là une sainte victoire, remportée par la raison pour la cause de l'humanité.

Et si nous quittons les hauteurs de cette grande considération pour ne nous attacher qu'aux choses du présent, ne devons-nous pas être touchés à la pensée de ces luttes incessantes et glorieuses, de ces magnanimes faits d'armes qui font se confondre, ainsi que leur sang si noblement confondu sur les mêmes champs de bataille, des peuples dignes de s'aimer, et que la fatalité des événements avait jusqu'alors tenus en suspicion les uns des autres?

Oui, c'est là un grand et sublime spectacle, et nous n'avons pu résister au désir de le faire servir de cadre au tableau que nous avons à tracer.

Et maintenant, introduisons nos visiteurs en Crimée.

CRIMÉE.

La Crimée, qui fait partie de la Russie méridionale, paraît être appelée à servir de but aux grandes aventures. Autrefois sous le nom de *Chersonèse*, nom conservé aujourd'hui par l'appellation de la capitale *Cherson*, elle vit ses bords menacés par l'expédition des *Argonautes*, qui venaient y conquérir la Toison d'Or. Fiction ou réalité, cette tentative héroïque de *Jason* et de ses intrépides compagnons, est renouvelée aujourd'hui par nos vaillantes armées, qui, elles aussi, travaillent à la conquête du bon droit, et au rétablissement par la guerre d'une paix durable et universelle, ce vœu ardent de tous les peuples et dont la réalisation serait bien réellement la *Toison d'Or* du dix-neuvième siècle.

C'est un climat splendide que celui de la Crimée, du moins vers le sud. Là se trouvent de luxuriantes campagnes couvertes de fruits et qui nous rappellent notre belle et riche Provence. La vigne y croît à côté de l'olivier ; les orangers et les citronniers y marient leurs fleurs, leurs fruits et leurs parfums. Les blés y viennent beaux et abondants ; tout enfin contribue à faire de cette contrée une sorte de paradis terrestre qui, en effet, sert de *buen retiro*, de retraite enchantée à la noblesse russe, dont les maisons de plaisance y sont nombreuses et pressées.

La Russie devait nécessairement songer à s'approprier cet Éden, placé comme une ironie à côté de ses steppes incultes et sablonneuses. Cependant, ce ne fut que le 8 avril 1783 que parut à Saint-Pétersbourg un manifeste de l'impératrice Catherine qui déclarait la Crimée annexée à ses États, et ce manifeste acquit force de loi définitive l'année suivante, par suite de la signature, entre la Russie et la Porte, du traité du 9 janvier.

Il y avait alors sur la mer Noire un port heureusement situé, et du non d'*Akhtiar*. Depuis 71 années, la Russie y a amassé tout ce que la science et l'industrie offrent de ressources ; empruntant à l'Occident ses découvertes, elle en faisait la beauté et la force de son enfant gâté, et le vieux port d'Akhtiar devint l'imposante forteresse de Sébastopol ; c'est-à-dire une sorte de nid d'aigle, défendu par la nature et dominant la mer Noire de toute la hauteur de son rocher comme pour prendre possession de l'empire de ses eaux.

S'il faut en croire Pline, la Crimée était anciennement une île que l'isthme de Pérécop est venu relier depuis au continent. Quoi qu'il en soit, il y aurait des siècles déjà qu'aurait eu lieu cet événement géologique, puisque les murs et les fossés qui, du golfe de Karkinite à la mer Putride, protégent l'entrée de l'isthme, furent faits en prévision d'une invasion des Scythes.

La Crimée est coupée par différentes montagnes, dont la plus élevée (4,740 pieds au-dessus du niveau de la mer) est le *Thadir-Dagh*. Les monts *Yaïla*, situés au sud entre le cap *Aïa* et la ville d'*Aloushta*, sont une chaîne de petites montagnes que la nature semble avoir destinées à préserver la contrée qu'elles enveloppent des bises glaciales de la Russie, et à entretenir ce climat tempéré par les brises de la mer, dont nous avons vanté plus haut les heureuses influences.

La principale rivière de la Crimée est le *Salghir*, qui se jette dans la mer d'*Azof*.

Il y a d'autres petites rivières qui, pour la plupart descendent des ravins du Thardir-Dagh, et qui vont se perdre dans la mer Noire. Nous citerons, entre autres, l'*Alma*, qui a désormais sa place marquée dans l'histoire.

Les principales villes sont :

Eupatorié ou *Eupatoria*, *Kèrtch*, *Simphéropol*,

Caffa ou *Théodosie, Yenikale*, *Sébastopol*, que l'on écrit aussi *Sévastopol*.

Nous venons, par ce rapide aperçu, de donner à nos visiteurs une idée générale de la Crimée. Nous allons les introduire dans sa partie la plus intéressante, nous allons les mettre en présence de Sébastopol même, et pour y arriver, nous croyons ne pouvoir suivre un meilleur chemin que celui pris par les vainqueurs de l'*Alma*.

SÉBASTOPOL

ET

LES PAYS ENVIRONNANTS (1).

---

1. — *Port de Balaklava.* A l'entrée du port se voient les derniers restes des anciennes fortifications

(1) Pour faciliter l'intelligence de notre description, nous indiquerons, par des chiffres, chaque point désigné sur le plan par le chiffre correspondant. Notre texte indiquera rapidement les positions des armées belligérantes. On comprend qu'à cette heure où les alliés prennent chaque jour à l'ennemi, au prix des plus héroïques efforts, quelques morceaux du terrain qu'il occupe, nous induirions le visiteur en erreur, en établissant des positions arrêtées, puisque celles d'aujourd'hui ne seront déjà plus les mêmes demain.

génoises. L'entrée a 244 mètres de largeur environ. La longueur du port est de près de 1,100 mètres sur 400 mètres de large.

C'est là que sont mouillés les transports anglais. En novembre dernier, un grand nombre de vaisseaux marchands y périrent, et le *Prince* s'y brisa contre les rochers abruptes qui forment l'entrée de ce port.

2. *Balaklava.* La ville de Balaklava est située à l'est au pied des montagnes, où elle se trouve comme au fond d'un immense entonnoir. Sur les hauteurs sont les redoutes et les batteries qui défendent l'entrée du port.

De ces hauteurs, le regard embrasse toute la scène magnifique sur laquelle se joue le grand drame de Sébastopol. A gauche, et remontant jusque derrière la ville assiégée, la *mer Noire ;* à droite, la vallée de la *Tchernaïa,* appelée aussi vallée d'*Inkerman,* où se donna la célèbre bataille de ce nom. Devant soi, le visiteur a les travaux de siége, qui, partant de Balaklava, se sont avancés pas à pas jusque sous les murs de la ville, après avoir franchi les quatre lieues de distance qui séparent Balaklava de Sébastopol. Puis au fond, dominant le tout, la ville réputée imprenable, et qui, entourée par un demi-cercle de fer et de feu, se débat aujourd'hui dans les convulsions d'une héroïque agonie.

Telle est la vue d'ensemble sur les hauteurs de Balaklava. Passons maintenant aux détails.

Nous prendrons d'abord par la gauche du visiteur.

3. *Village de Kamara.*

4. *Village de Kadikoi.*

5. *Village de Karani.*

6. *Redoutes turques,* dont les Russes se sont emparés après l'abandon des soldats égyptiens, lors de l'attaque de Liprandi. Elles furent reprises depuis et sont actuellement occupées par les Anglais.

7. *Route* de Balaklava à Sébastopol. Elle a été, par suite des travaux, coupée vers le milieu au point dit : *La maison du Ravin.*

8. *Route* de Balaklava à Simphéropol. Cette position est surveillée par une armée russe d'observation, campée après la vallée de la Tchernaïa.

9. *Chemin de fer,* de Balaklava à la baie de Kamiech, construit par les Anglais pour les communications entre l'armée de terre et la flotté française, et pour l'approvisionnement du camp anglais. A mi-chemin, est une pente rapide que les wagons gravissent à l'aide d'une puissante locomotive, puis ils redescendent et continuent leur route dans un ravin profond.

Deux autres routes ferrées sont en projet, et peut-

être à cette heure en voie d'exécution, nous en re-
parlerons plus tard.

10. *Retranchements anglo-français*, formant la
grande ligne de circonvallation.

11. *Monastère de Saint-Georges*, occupé par les
Français. C'est une vieille église desservie autrefois
par des moines de l'église grecque, qui y cultivaient,
dit-on, une vigne précieuse par la qualité du vin
qu'elle rendait. S'il en était ainsi, les moines de
Saint-Georges étaient les dignes émules des moines
de *Cîteaux* (en Bourgogne), célèbres eux aussi par
les productious de leur clos Vougeot.

12. *Télégraphe* du monastère de Saint-Georges.

13. *Ferme du général Brack.*

14. *Autres Fermes et Sources.*

Tous ces points sont occupés par les Français,
dont nous allons traverser les positions.

15. *Plateau* s'étendant du monastère de Saint-
Georges à la baie de Kamiech. Il est formé de rochers qui accidentent le terrain d'une manière toute
pittoresque, et qui a dû rappeler à nos soldats celui
sur lequel est bâtie en Afrique la ville de Constantine,
moins la mer, dont les flots viennent battre ici le roc
qui la domine à pic.

16. *Hôpital scorbutique* de la marine française.

17. *Tombeaux*.

18. *Cap Chersonèse*, c'est le point le plus à l'ouest de la Crimée.

19. *Phare Chersonèse*, placé à 116 pieds au-dessus du niveau de la mer sur le promontoire inférieur du cap.

20. *Falaise blanche*.

21. *Baie de Dwonoïa*, appelée aussi la *Baie double*.

22. *Baie de Kamiech*, qui porte encore le nom de *Baie des Cosaques*. Près de là est le débarcadère du chemin de fer que nous avons vu plus haut commencer à Balaklava. Kamiech est le grand dépôt des Français; ils y ont établi des magasins dans lesquels sont leurs approvisionnements. La flotte française est mouillée dans la baie, qui a douze brasses d'eau à l'entrée et quatre à son point le plus reculé.

23. *Route* faite par les Français pour établir une communication directe entre leur flotte et leur camp.

24. *Baie ronde*. Un écueil dangereux la rend inabordable, aussi est-elle complétement abandonnée.

25. *Baie de Streleskaïa*, c'est le lieu de débarquement pour une partie des transports et du dépôt français.

26. *Tumulus*, où les Français ont établi un poste d'observation.

27. *Port de Sébastopol.* Nous allons voir ici le plus vigoureux système de défense qui ait jamais été mis en vigueur pour protéger une place de guerre.

28. *Fort de la Quarantaine.* Sur les rochers et sur le côté est du port, qu'elles dominent, sont les ruines de l'ancienne ville de *Chersonèse*, bâtie par une colonie grecque, qui venait de la Bythinie, 600 ans environ avant J.-C. Ce fut dans cette ville que fut baptisé le premier prince russe chrétien, Vladimir, en 988 de notre ère. L'église de Vladimir, qui fut élevée en souvenir de ce fait, domine la baie de la Quarantaine. Les Français y ont établi une vigoureuse batterie.

29. *Fort Alexandre.* Il est armé de 84 canons en deux tiers dont les feux protégent directement l'entrée du port.

30. *Fort Constantin*, situé en face du fort Alexandre, et croisant ses feux avec ceux de ce dernier.

31. *Camp retanché*, établi par les Russes près du fort Constantin.

32. *Cap Constantin.*

33. *Deux batteries russes*, placées au-dessous du fort Constantin, et dont l'une est appelée *batterie* ou *tour Constantin.*

34. *Batterie du télégraphe.* Elle domine les batteries dont nous venons de parler, et forme avec elles une sorte d'échafaudage défensif qui rendait les Russes si confiants dans la sûreté de Sébastopol.

35. *Chaîne* fermant l'entrée du port.

36. *Batterie Wasp.*

37. *Vaisseaux coulés.*

On n'a pas oublié le sacrifice suprême accompli par les Russes afin d'obstruer l'entrée du port de Sébastopol. C'est à la place que nous indiquons par le n° 37 que furent coulés de superbes vaisseaux, dont la marine russe était si justement glorieuse.

38. *Batterie Severnaïa.*

39. *Batterie des Poules.*

40. *Batterie Saint-Paul*, fermant avec le fort Nicolas l'entrée du port militaire.

41. *Estacade.*

42. *Port militaire.*

43. *Baie de carénage* avec des batteries blanches, dont les Français viennent de s'emparer, ce qui leur fait occuper une position importante.

44. *Faubourg de Karabelnaïa.*

45. *Bassin de carénage*, où se faisaient les réparations nécessaires aux bâtiments russes.

46. *Aqueduc* conduisant les eaux de la Tchernaïa

au bassin de carénage, et les faisant traverser une série de filtres qui les rendent potables.

47. *Casernes russes.*

48. *Hôpital russe.*

49. *Parc d'artillerie russe.*

50. *Camp retranché* des Russes, en avant du faubourg de Karabelnaïa.

51. *Tour Malakoff,* un des points les plus justement célèbres, par suite des vigoureuses attaques auxquelles il a été exposé, et il faut le dire de l'énergie avec laquelle il a été défendu. La tour Malacoff est casematée à deux étages.

52. *Mamelon Vert* dont il est souvent question dans les derniers rapports des généraux alliés.

53. *Bastion du Redan.*

54. *Bastion du Mât.*

55. *Retranchements russes,* en arrière du bastion du Mat.

56. *Le T,* nouveau travail de contre-approche établi récemment par les Français pour gagner la quatrième parallèle et s'avancer sur le bastion du Mât.

57. *Bastion Central.*

58. *Casernes russes* bâties à plate-forme à l'épreuve

de la bombe et pouvant servir de défense et de retranchements.

59. *Bastion de la Quarantaine*.

60. *Quartier-général russe*.

61. *Batterie russe* entre le fort et le bastion de la
Quarantaine ; son feu, qui gênait beaucoup nos opé-
rations, vient d'être éteint par les Français.

62. *Cimetière* occupé par les Français.

63. *Lazaret russe*.

64. *Tumulus* servant aux Français, comme le premier, de poste d'observation.

65. *Positions françaises* à gauche et en avant de
Sébastopol.

66. *Positions anglaises* à droite et en avant de Sébastopol.

67, 68, 69. *Positions turques*.

70. *Quartier-général français*.

71. *Généraux français, d'artillerie et du génie*.

72. *Parc d'artillerie français*.

73. *Parc du génie français*.

74. *Quartier-général anglais*.

75. *Généraux anglais, d'artillerie et du génie*.

76. *Parc d'artillerie anglais.*

77. *Parc du génie anglais.*

78. *Quartier-général turc.*

79. *Attaque de gauche* par les Français.

1ʳᵉ, 2ᵉ, 3ᵉ et 4ᵉ parallèles, boyau de communication et batteries. La 4ᵉ parallèle est plutôt une tranchée directe ouverte sur la place et protégée à l'avant par des sacs de terre détrempée, des poutres et des fascines : c'est une espèce de barricade mobile qu'on avance peu à peu vers les murs.

80. *Attaque de droite* par les Anglais 1ʳᵉ, 2ᵉ, 3ᵉ et 4ᵉ parallèles, boyau de communication et batteries.

81. *Ravin* séparant les deux attaques avec conduite d'eau coupée par les Français.

82. *Sources*, près du quartier-général anglais ; leurs eaux sont conduites par un aqueduc coupé par les Français.

83. *Baraque russe* en ruines près du ravin.

84. *Maison du Clocheton.*

85. *Maison des Zouaves.*

86. *Maison du Ravin.*

87. *Poste d'observation.*

88. *Ravin de Kélène Balka.*

89. *Moulin*, où vient aboutir une deuxième ligne de chemin de fer en projet, et partant de Balaklava.

90. *Troisième ligne de Chemin de fer* en projet, descendant le long de la conduite d'eau coupée, et aboutissant à la Baraque en ruines.

91. *Route d'Eupatoria.*

92. *Phare ouest d'Inkerman,* à feu fixe, appelé aussi Phare supérieur, élevé de 614 pieds au-dessus du niveau de la mer. Sa lumière se projette à 33 milles au large; aussi a-t-il gêné beaucoup les mouvements des alliés, dont il éclairait tous les travaux pour les dénoncer ensuite par ses signaux aux assiégés.

93. *Marais.*

94. *Pont d'Inkerman,* coupé par les Anglais.

95. *Ruines d'Inkerman.* — Inkerman était une ancienne ville qui date des Romains; on voit encore aujourd'hui quelques restes de sa forteresse et de ses murailles. Les rochers qui l'entourent sont percés de nombreuses cavernes, qui, assure-t-on, servirent autrefois de retraite aux premiers chrétiens fuyant les persécutions de leurs bourreaux.

96. *Phare est d'Inkerman,* ou Phare inférieur, communiquant incessamment par ses signaux avec le phare ouest et avec Sébastopol.

97. *Rivière de la Tchernaïa.*

98. *Gué de la Tchernaïa.*

99. *Village de Tchorgouna.*

100. *Village de Karlowka.*

101. *Tour octogone.*

102. *Vallée de la Tchernaïa*, appelée aussi *vallée d'Inkerman.*

C'est là que, le 5 novembre, les Russes, au nombre de 45,000 hommes, sous le commandement des généraux Dannenberg et Liprandi, vinrent attaquer les positions anglaises, défendues seulement par 8,000 combattants. Malgré leur infériorité numérique, car 5,000 hommes seulement des leurs se trouvaient réellement faire face à cette attaque inattendue, les Anglais tinrent bon, et pendant cinq heures le résultat de la lutte demeura incertain.

Le bruit de la bataille avait été entendu du camp français, et le général Bosquet accourut avec 5,000 hommes, accueillis par les hurrahs des Anglais, qu'ils venaient soutenir si à propos. Les Russes, qui combattaient cependant avec un courage vraiment fanatique, excités qu'ils étaient par la présence des deux fils de l'Empereur Nicolas, ne purent résister au choc de nos braves soldats. La mêlée fut horrible. On combattait corps à corps, se perçant à coups de baïonnettes, s'assommant avec les crosses des fusils. Enfin la déroute des Russes fut des plus complètes,

et ils abandonnèrent le champ de bataille d'Inkerman en y laissant 20,000 hommes, tant tués que bles-
sés, c'est-à-dire près de la moitié de leurs forces et
plus du double de celles des troupes alliées.

103. *Vallée de Baïdar* placée directement à la droite
et sur les hauteurs de Balaklava. La route qui con-
duit à Baïdar a été coupée de façon à prévenir toute
surprise de la part de l'ennemi, dont une armée
d'observation peut d'un moment à l'autre fondre sur
ce point. Sur les collines qui dominent la route ont
été établis les Highlanders, les marins et soldats de
marine, et les Turcs, qui gardent ce passage impor-
tant. C'est par cette route que, dans les derniers
jours d'avril, Omer-Pacha, lord Raglan et le général
Morris firent avec 12,000 hommes une reconnaissance
qui n'eut d'autre résultat que de mettre en fuite
quelques bandes de cosaques détachés sans doute
en éclaireurs de l'armée d'observation dont nous
avons parlé.

CONCLUSION.

Le visiteur est maintenant revenu à Balaklava, son point de départ. A cette heure qu'il a examiné un à un tous ces moyens d'attaque et de défense amassés dans un si étroit espace avec une prodigalité qui épouvante l'imagination, jetons un dernier regard d'ensemble sur cette scène magique.

Nous l'avons dit, et le visiteur nous croira sans peine, la ville de Sébastopol était réputée imprenable. Il a fallu toute l'habileté de nos généraux, jointe à la vaillance de nos soldats, pour arriver au point où ils en sont aujourd'hui, touchant les murailles de la place de leurs ouvrages avancés.

Nous ne terminerons pas sans rendre un éclatant témoignage à la prudence des généraux en chef, qui dans leurs savantes combinaisons, n'ont jamais oublié d'économiser autant que possible le sang précieux de leurs braves soldats.

Le siége de Sébastopol demeurera fameux dans les fastes militaires. Fasse la Providence que tant de sang répandu l'ait été fructueusement pour la conquête de la paix, et que les magnificences stratégiques déployées pour ce siége n'aient pas pour l'avenir des enseignements féconds, mais seulement de glorieux souvenirs.

A. H.

Paris. — Typ. Morris et Comp., rue Amelot, 64.

168.